そのまま使えるモデル英文契約書シリーズ

第二版の発刊に寄せて

　JCAA は 2021 年に商事仲裁規則の改正を行いました。この改正では迅速仲裁手続がより利用し易い手続になるように、適用される紛争金額の上限額や手続期間についての定めを改めました。第二版では、この改正に基づき「III. 仲裁条項のドラフティング」の該当箇所の記載を修正しました。

　第二版の発刊にあたり、改めて監修いただいたアンダーソン・毛利・友常法律事務所の仲谷栄一郎弁護士に心より御礼申し上げます。

2024 年 5 月

日本商事仲裁協会（JCAA）仲裁・調停担当執行理事

山本　和彦

そのまま使えるモデル英文契約書シリーズ

はじめに

　人口減少が続く中、これまで国内市場のみを対象としてきた日本の中堅・中小企業であっても、ビジネスの維持・発展のためには、海外の旺盛な需要を取り込む必要がある。しかし、同じ文化に属する国内取引先と違って、海外企業との取引では思わぬトラブルが発生することがある。これは、早くから国際取引に乗り出してきた日本の大企業が経験してきたことであり、不慣れだったでは済まないほどの大きな損失を被った例も少なくない。これに対して、中堅・中小企業が国際取引において損失を被った場合、それを吸収するだけの体力がないおそれもある。

　先人が経験した苦い経験を繰り返す必要はない。これから国際取引に乗り出そうとする企業は、過去の経験に学び、国際取引に伴うトラブルに備えた適切な予防措置をとるべきである。すなわち、外国企業から示された英文契約書案にそのままサインするのではなく、日本企業の立場から様々な事態を想定し、相手方に対して逆提案をし、きちんとした交渉を経た上で契約を締結すべきである。とはいえ、国際取引に不慣れな企業にとって、自ら詳細な英文契約書を作成することは困難であり、またその作成を渉外弁護士に依頼した場合には高額な費用が発生する。

　そこで、JCAA では、これまで日本企業が当事者となった仲裁事件を処理してきた経験に照らし、国際取引に不慣れな中堅・中小企業が契約書を作成する際に参考にして頂くべく、本シリーズを発刊することとした。本シリーズでは、各条項の解説の随所で、その条項の説明にとどまらず、その条項が扱っている事項はどのような意味があるのかを自覚的に考えることができるように工夫している。なお、異なるモデル契約書に登場する類似の条項例や解説は必ずしも同一ではないが、趣旨は同じである。

　また、国内の取引では紛争解決はいずれかの地方裁判所での裁判により最終的には解決される旨を定めるのが当然と考えてきたかもしれないが、国際取引をめぐる紛争については、外国での裁判を飲まざるを得ないとすれば、それは外国語で外国訴訟法に基づく手続の末に外国人の裁判官が外国語で判決を下すことを意味する。他方、日本での裁判は相手方の外国企業が拒否することになろう。そのため、国際取引紛争の解決のためには仲裁が用いられることが多い。すなわち、日本人と外国人から構成される仲裁廷により最終的な解決を図るのである。本シリーズでは、JCAA ならではのこととして、仲裁条項のドラフティングについて詳しく説明している。

　本シリーズのモデル英文契約書が実際の契約書作成にあたり参考となれば幸いである。最後に、本シリーズの刊行にあたり、丁寧な監修により最新のモデル契約書に刷新して頂いたアンダーソン・毛利・友常法律事務所の仲谷栄一郎弁護士及び中川裕茂弁護士に厚く御礼申し上げたい。

2020 年 4 月
日本商事仲裁協会（JCAA）仲裁・調停担当執行理事
道垣内　正人

目 次

III. 仲裁条項のドラフティング

CD-ROM：総代理店契約書（輸入用）【英語、日本語】（MS-Word）

I. 総代理店契約（輸入用）の概要

1．総代理店契約とは

（1）「代理店」とは

「代理店」「販売店」「販売代理店」などと呼ばれる当事者には、教科書的には Distributor と Agent があるとされる。Distributor とは独立した買主で、Supplier から物品を購入して顧客に販売する者で、Agent とは、Supplier と顧客との売買契約の締結を手助けするものである。Supplier と Distributor との間の契約は「売買契約」であり、Supplier と Agent との間の契約は「委任契約」または「準委任契約」である。中間的な形態もあるが、基本的にこのどちらに該当するかによって、契約条項が大きく異なる。

（2）「総」とは

代理店には、総代理店（独占的代理店：Exclusive Distributor）と、非独占的代理店とがある。「総」代理店を指名すると、供給者は、その地域において他の代理店を指名できなくなる。

（3）「販売店」「代理店」などの用語

教科書的には、Distributor を「販売店」と呼び、Agent を「代理店」と呼ぶのが正確だとされているが、これらの用語の明確な定義が法令・判例などにおいて確立されているわけではなく、また、実務上もそのように厳密に使い分けられているわけではない。したがって、契約書の中で、Distributor や Agent がどのような立場で、どのような権利・義務を有し、売買契約が誰と誰の間に締結されるのかなど、関係する当事者の法的な関係を明確に規定することが必要である。

一般に、英文契約書における用語については、「呼び名」や「訳語」だけで判断せずに、それがどのような意味を有するかを意識して、契約書に明記することが重要である。

2．本条項例

本条項例は、我が国企業が外国企業から Distributor として指名を受ける形態、すなわち、継続的に物品を購入して顧客に販売するという形式を前提にする。なお、日本においては「代理店契約」に適用される特別な法律はないが、中東、中米および一部の欧州諸国などには代理店保護法が存在し、契約期間や解除が規制される可能性があるため、本条項例とは逆方向で外国に代理店を指名する場合はそのような法律の検討が必要である。

3．代理店契約のポイント

代理店契約において注意すべきポイントは次のようなものである。

（1）代理店に課されるさまざまな義務

代理店にさまざまな義務が要求される可能性がある。たとえば、「輸出禁止」「競争品の取り

扱い禁止」「最低購入」などである。過大な義務を負わされないように注意すべきであり、場合により、独占禁止法およびその定めを具体化した「流通・取引慣行に関する独占禁止法上の指針」などを参照して反論することも検討すべきである。

　なお、本条項例は代理店側に有利に作ってあるため、これらの義務をすべて規定しているわけではない。これらの義務については、「総代理店契約（輸出用）」をご参照いただきたい。

（2）製品の保証

　Distributor は製品の「買主」であるため、売買契約上の買主と同様の点が問題になる。その最大の点は、製品の保証とその違反を追及する手続である。保証の範囲や手続に不利な制限が設けられていないかを検討する必要がある。

（3）期間・解除

　代理店に指名された場合、長期にわたる関係を期待しがちであるが、外国企業は撤退あるいは直接進出の機会をできるだけ広く確保しようと考えるのが常である。したがって、契約の期間（長くするか短くするか）、更新（自動更新、日本側が更新権を有する、など）、解除（どちらが、いつ、どのような理由で解除できるか）の規定に留意すべきである。

II. Exclusive Distributorship Agreement（Import）（総代理店契約（輸入用））の条項例（英語、日本語）・解説

■ Recitals ／前文

EXCLUSIVE DISTRIBUTORSHIP AGREEMENT

（IMPORT）

This Agreement made at ＿＿＿ and on this ＿＿＿ day of ＿＿＿, 20 ×× by and between, ＿＿＿, a corporation duly organized and existing under the laws of ＿＿＿, having its registered principal office at ＿＿＿(hereinafter referred to as Exporter) and ＿＿＿, a corporation duly organized and existing under the laws of Japan, having its registered principal office at ＿＿＿, (hereinafter referred to as Distributor),

総代理店契約

（輸入用）

本契約は、20××年＿＿＿月＿＿＿日、＿＿＿＿＿＿において、＿＿＿の法律のもとに正式に設立され存続し、その登記簿上の主たる事業所を＿＿＿＿＿＿＿＿＿＿に有する＿＿＿＿＿＿＿（以下「売主」という）と、日本法のもとに正式に設立され存続し、その登記簿上の主たる事業所を＿＿＿＿＿に有する＿＿＿＿＿＿＿（以下「代理店」という）により締結された。

WITNESSETH THAT :

WHEREAS, Exporter desires to export the products stipulated in Article 4 hereof to the territory stipulated in Article 3 hereof, and

WHEREAS, Distributor desires to import from Exporter and sell the said products in the said territory,

NOW, THEREFORE, it is mutually agreed as follows:

記

売主は、本契約第4条に定める製品を、本契約第3条に定める地域に輸出することを希望しており、代理店は、売主から当該製品を輸入し、当該地域内で販売することを希望している。

よって、以下の通り合意する。

解説

頭書

　頭書には、①当事者の名称および住所、②契約締結年月日、③契約締結場所、④当事者（法人）設立準拠法が記載される。

　当事者の名称、住所は略記することなく登記簿の記載どおりに表示するのが正しい。住所については、登記簿上の本店所在地と異なって、主たる営業所の所在地またはその他の支店の所在地にすることもあるが、その場合にはその旨明記しておくべきである。また、当事者は契約書中において何度も出てくるので、冒頭文で以後の条項で使用する略号を明示するのがよい。

　締結年月日については、一般的には契約期間の起算日として明確にする必要がある。

　契約締結地は、準拠法判断の一助となることもあり、規定される場合がある。

　設立準拠法は、契約能力の有無などの判断の基礎でもあるので必ず記載しておくべきである。国によってはそれが州法であることもあるから注意しなければならない。

前文

　頭書の次に置かれるのが前文であるが、通常 "Whereas Clauses" と呼ばれている。これは契約締結に至った経過、理由ないしは契約の目的を記述する説明部分であり、通常は法的効力を持たないと言われている。しかしながら取引の安全を保護するために重要な機能を持ち、信義誠実の原則の一つの表れでもある表示の禁反言との関係で、記載にあたっては十分な注意が望まれる。最近は、契約書の理解、形式の変化に伴って次第に簡単な表現になっており、省略されているものもある。

　契約準拠法を英米法とする場合には、約因（consideration）の存在を記載すべきことが原則であるが、以後の条文中で約因の存在が認識できれば前文中で約因の存在をあえて記述する必要はない。

　例文では、契約対象品と契約対象地域についても明確にしているが、前文の性格からするとそれらにつき明記しておかなければならないというわけではなく、抽象的な表現であっても良かろう。

■ Appointment ／代理店の指名

Article 1　Appointment

Subject to and upon the terms and conditions contained herein, Exporter hereby appoints Distributor as Exporter's exclusive distributor and Distributor hereby accepts such appointment.

第1条　〔代理店の指名〕

本契約中の条件に従い、売主は代理店を総代理店に指名し、代理店はこれを承諾する。

解説

第1条　（代理店の指名）

売主が買主たる本邦の輸入者（代理店）に対し何らかの販売権を付与し、当該代理店がそれに同意することによって代理店契約は成立する。この条項は売主と代理店との基本的法律関係を宣言するものであり、以後の条項の性格および内容はこの条項によって規定されるものである。

■ Privity ／当事者の関係

Article 2　Privity

The relationship hereby established between Exporter and Distributor during the effective period of this Agreement shall be solely that of seller and buyer, and Distributor shall be in no way the agent or representative of Exporter for any purpose whatsoever.

第2条　〔当事者の関係〕

本契約期間中の売主と代理店の関係は単に売主と買主の関係であり、代理店はいかなる目的においても売主を代理し、またはこれを代表しないものとする。

解説

第2条　（当事者の関係）

第1条において売主と代理店との基本的法律関係は宣言されてはいるが、それをより明確にする目的で、この条項は規定される。代理店契約にあっては、売主と代理店との関係が基本的には本人対本人という売買関係である旨を明記するのが一般的であり、さらには注意的に代理店の売主に対する代理（代表）性を否定しておくのが通例と言える。

しかし、この条項の契約書中における位置づけが総論的かつ注意的なものであるとの理解の下に規定しない例もある。

■ Territory／販売地域

Article 3　Territory	第3条　〔販売地域〕
The territory covered under this Agreement shall be confined to _____ (hereinafter referred to as Territory) .	本契約に基づき対象とされる地域は、_____（以下「地域」という）に限定されるものとする。

解説

第3条　〔販売地域〕

　この条項は第1条において代理店に与えられた独占的販売権の地域的制限であると共に、地域的優越性の設定でもある。販売地域の定め方は国、州などの行政単位を基準としての表示が一般的であり、East Coast of U. S. A. などの不明確な規定の仕方は避けるべきであるし、また正式国名であるか、本国のみか海外領土などを含むかなどを明確にしておくべきである。

　販売地域に関しては、代理店が海外に対しても販売能力を有し、自らの販売網を十分活用し得るとの確信が持てるのであれば、代理店にとっては広い独占的販売地域を設定するのがよかろう。契約の当初から独占権を取得できない場合、または自らの海外販売能力に関する確信が得られないなどの場合には、一応非独占の販売権を認められる地域を盛り込んでおくことも一考に値しよう。そして、販売対象品の現実の販売数量と関連づけて、将来的な独占的販売地域の拡張に関する権利保留を規定しておくことも代理店にとっては有益なこととなろう。特に会社規模が大きく、販売網が整備され、かつ販売活動が十分に期待され得る企業にとっては下記の如き例文も一考に値しよう。

　In case Distributor reaches its sales amount more than US$ _____ in the first calendar year hereof, Territory under this Agreement may be additionally extended to _____ at Distributor's own discretion.

■ Products／対象製品

Article 4　Products	第4条　〔対象製品〕
The products covered under this Agreement shall be confined to _____ and such other products as agreed in writing from time to time between the parties (hereinafter collectively referred to as Products) .	本契約に基づき対象とされる製品は、_____、および両当事者が随時書面により合意する他の製品（以下、総称して「製品」という）に限定されるものとする。

第4条 〔対象製品〕

　この条項は、第1条において付与された販売権に関する商品的制限であると共に、代理店の販売活動の対象製品の特定を目的として規定される。対象製品の定め方は具体的明確性を有することを基準としての表示が望まれ、一般的には商品名、モデル番号などで特定しているようである。

　代理店としては出来るだけ広範囲の商品を対象製品としたがるのが一つの傾向であるが、自らの販売能力、販売網、商品の市場性などを十分勘案して無理のない範囲にしておくのが無難であろう。また販売実績に応じて対象製品の枠を広げていく規定も一考に値しよう。

　商標によって対象製品の範囲を特定することも可能であるが、これは売主および代理店の営業政策、販売地域における当該商標権確立の有無などとも関連を有する問題であり、その是非については即断し得ない。

　対象製品に関する改良、変更、新型品名につき追加的に対象製品に組み込まれる旨規定しておくことも代理店にとっては有益であると共にそれらが対象製品に包含されるのか否かといった後日の問題を回避する為に効果があろう。

　なお、第1条、第3条、第4条を一つにまとめた簡略型として下記の如き表現もよく使用されている。

Exporter hereby appoints Distributor as its exclusive distributor for the sale of (Products) in (Territory) and Distributor accepts such appointment.

■ Exclusive Transaction ／独占権

Article 5　Exclusive Transaction	第5条　〔独占権〕
(a) Exporter hereby grants to Distributor the exclusive right to distribute Products in Territory during the effective period of this Agreement and subject to the provisions and conditions herein provided.	(a) 売主は代理店に対し、本契約の有効期間中に本契約に定める条項および条件に従い、地域内で製品を独占的に販売する権利を与える。
(b) Distributor shall sell Products only in Territory and shall not sell or export Products to any person or firm outside of Territory during the effective period of this Agreement.	(b) 本契約の有効期間中、代理店は、地域内においてのみ製品を販売するものとし、地域外のいかなる個人または法人に対しても製品を販売し、または輸出してはならない。
(c) Exporter shall not directly or indirectly offer, sell or export Products to Territory through any	(c) 本契約の有効期間中、売主は、代理店以外の経路で直接間接に製品を地域内に提供し、販売し、または輸出しないものとし、製品に関し、売主が地域内のいかなる個人、法人から受ける問合せ、注文についても、代

channel other than Distributor
and shall refer to Distributor any
inquiry or order for Products
which Exporter may receive from
any person or firm in Territory
during the effective period of this
Agreement.

理店に委ねるものとする。

解説

第5条　〔独占権〕

　この条項は、第1条において付与された販売権に関する認識を規定する。すなわち代理店側に対しては、対象品を販売地域においてのみ販売し得るのであり、販売地域からの輸出および販売地域外における販売はなし得ない旨確認し、売主側に対しては、当該販売権を形骸化せしめるが如き行為の禁止および当該販売権を実効あらしめるべき作為義務につき確認している。

　この条項との関連で論じられるのが、代理店側のいわゆる競業避止義務である。これは売主が独占権を与えた見返りとして代理店に対して要求するのが一般である。しかしながら独占権付与と競業避止は必ずしも表裏一体のものではないことに注意すべきである。すなわち独占権を付与されたからといって当然に競業避止義務を負わねばならないわけではない。従って代理店としては競業避止義務規定に関しては一切触れない（負わない旨交渉過程で主張することが藪蛇になることもある）方が良かろう。

　また独占権付与に伴って、過度の拘束ないし制限的規定を要求される可能性も十分有り得るので、前書きで述べた「流通・取引慣行に関する独占禁止法上の指針」を検討した上で、それを契約締結交渉に活用することが肝要である。

　売主から独占権の例外として、特定の顧客や政府入札に関する取引については売主が直接交渉ないし取引をなし得る旨要求されることがあるが、この例外範囲の如何によっては独占権自体が形骸化することがある点十分に注意すべきであろう。

　例文は非常に簡単な条項を規定し確認規定としているが、(c)項に関する重要な問題があるのでそれについて触れておく。それはいわゆる並行輸入の問題である。

　「並行輸入」とは、ある商品につき国内に総代理店がある場合に、総代理店でない業者がその商品を別のルートで輸入して国内で販売することを言う。総代理店の販売価格よりも、並行輸入業者の販売価格のほうが低いのが通例であるから、総代理店としては、そのような並行輸入を何とか止めたい。しかし、独占禁止法上問題になり得ることに留意すべきである（「流通・取引慣行に関する独占禁止法上の指針」参照）。

■ Minimum Purchase ／最低購入数量

Article 6　Minimum Purchase	第6条　〔最低購入数量〕
(a)　Distributor agrees to purchase, as a trial, Products from Exporter for the first one year of this Agreement and the minimum amount for Products to be purchased by Distributor for each of the subsequent one year period of this Agreement shall be decided through mutual negotiation by and between the parties.	(a)　代理店は、本契約の最初の1年間は売主より試験的に製品を購入することに同意し、これに続く各契約期間の代理店の年間最低購入量は、両当事者間の交渉により決定するものとする。
(b)　Exporter shall accept any reasonable order placed by Distributor for Products from time to time during the term of this Agreement.	(b)　売主は、本契約期間中、代理店による合理的な注文を随時受けるものとする。

解説

第6条　〔最低購入数量〕

　第1条において売主が付与した独占権の見返りとして、代理店に対し最低購入義務を要求するのが一般であり、売主として競業避止義務と共に強く主張してくることが考えられる。しかしながら、この最低購入義務は代理店にとって多大な負担ともなり得るものであり、対象品の市場性などにつき全く未知数の場合にはさらに負担が増大すると共に、最低購入義務違反は独占権の非独占化、売主の解約権行使による契約の終了などを招来するため、総代理店契約の維持自体を危うくさせる可能性をも内包しているのである。自らの販売能力を十分勘案して取り扱い方を検討する必要がある。

　例文は、複数年数の契約期間を前提に、最初の1年間はトライアルによる購入（最低購入義務を負わないという意味での）、次年以降の最低購入数量に関してはその時点における諸要因を踏まえて協議の上決定する旨の規定とした。代理店側の最低購入義務は必ずしも売主側の供給義務を意味しないと思われるので、（b）項はかかる見地から規定した。すなわち代理店からの買注文には原則として応ずべき旨の規定である。これを一歩進めて供給義務を明確に規定する例もある。

■ Individual Contract／個別契約

Article 7　Individual Contract

Each individual contract under this Agreement shall be subject to this Agreement.

Unless otherwise expressly agreed, relevant provisions in this Agreement shall be applicable to each individual contract to be made hereunder between the parties.

Each individual contract shall be concluded when Exporter accepts Distributor's Purchase Order.

第7条　〔個別契約〕

本契約に基づき締結される各個別契約は、本契約の規定に従うものとする。

当該個別契約には、別途明示的に合意される場合を除き、本契約の関連する規定が適用されるものとする。

各個別契約は、売主が代理店の買注文書を受諾したときに、正式に締結されたものとみなす。

解説

第7条　〔個別契約〕

　この条項は個々の売買契約と代理店契約との関係およびそれらの締結方法について規定する。すなわち代理店契約は当事者間の継続的取引関係を律するための基本契約であり、具体的かつ現実的な売買に関しては別個の売買契約を締結する必要がある（もっとも基本契約中に個々の売買に関する条件が詳細に規定されている例もある）。

　例文は、個々の売買契約の位置づけを述べ、原則的な優先関係を規定している。

■ Information and Report／情報および報告

Article 8　Information and Report

Both Exporter and Distributor shall periodically and/or on the request of either party furnish information and market reports each other to promote the sale of Products as much as possible.

Exporter shall furnish Distributor with necessary information and/or report of the technical matters as to the improved and/or new Products which

第8条　〔情報および報告〕

売主および代理店は、製品の販売促進のため、定期的に、または当事者の一方の請求により、最大限の情報および市況報告を相互に提供するものとする。

売主は、代理店の販売促進に確実に貢献する、製品の改良版または新製品に関する技術的事項についての必要な情報または報告を代理店に提供するものとする。

will contribute to the promotion of sale
by Distributor.

解説

第8条 〔情報および報告〕
　この条項は代理店契約の円滑な運営と販売促進のために相互的に市場の動向、状況などについて知り得た情報につき交換しあうことを規定する。報告の対象としては一般的には市場の状況、宣伝・販売促進活動の状況などが考えられるが、契約内容の個別的特殊性如何によってその対象も変わってくることは当然である。
　対象品に関連し改良品や新製品が開発されたような場合には、それらに関しての情報および技術的事項を通知すべき旨売主に対して義務づけておくことも代理店としての販売促進活動に役立つものとなろう。
　報告時期に関しては対象品の性格、販売地域の特殊性などを勘案して定めれば良いが、一般的には3ヶ月程度の間隔でなされるのが実務的である。また定期報告とは別に、必要に応じて情報交換をなし得る余地も残しておくのが実情に合致するであろう。

■　**Sales Promotion ／販売促進活動**

Article 9　Sales Promotion
　Distributor shall diligently and adequately advertise and promote the sale of Products throughout Territory and Exporter shall cooperate with Distributor as much as possible for such advertisement and promotion. Exporter shall furnish with or without charge to Distributor reasonable quantity of advertising materials including literatures, catalogues, and leaflets.

第9条 〔販売促進活動〕
　代理店は、地域全域にわたり、熱心かつ適切に製品の販売を宣伝、促進するものとし、売主は、かかる宣伝、促進につき、代理店に最大限協力するものとする。売主は、合理的な量の宣伝用の印刷物、カタログ、ちらしなどを有償または無償で代理店に提供するものとする。

解説

第9条 〔販売促進活動〕
　この条項は代理店側の販売促進義務と、それに対する売主側の協力義務について規定する。代理店契約関係にあっては、代理店が自己の名と計算に基づいて宣伝および販売促進活動をなすのが原則である。しかしながらそれらに関して全て代理店がなすべきものとして売主が何もしないのならば、十分な効果が上げられないことは当然である。従って売主に対して何らかの協力義務を課すことは必要不可欠と言える。従来その内容としてはカタログ、リーフレットなどの無償提

供が中心とされていたが、今日のマスメディアの発達を考えるとそれらの宣伝および販売促進資料としての価値は相対的に下落していると言わざるを得ず、販売店としては金銭的援助の方が効果的な場合も有り得よう。また売主が直接宣伝および販売促進活動をなす余地ないし可能性を残しておくことや（もちろん義務として規定すること可）、それらの活動計画に関して協議すべきことを定めるのも一考に値しよう。

　例文には一般的とされているものを掲げておいたが、対象品の性格、市場性、取引規模などを十分勘案した上で適切な規定をすることが肝要である。

■　Trademarks／商標

Article 10　Trademarks

(a) Any trademark used for distribution of Products shall be decided by Distributor after notifying Exporter of it.

(b) Distributor shall, in case Distributor uses Exporter's trademark, discontinue the use of Exporter's trademark without requisition for compensation upon termination of this Agreement for expiration of the term or any other reason whatsoever and thereafter shall not use Exporter's trademark, provided, however, that Distributor may sell Products bearing Exporter's trademark held by itself in stock at the time of termination of this Agreement for the period of _____ months following such time and not thereafter.

第10条　〔商標〕

(a) 代理店は、製品の販売に使用するすべての商標を、売主へ届出のうえで決定するものとする。

(b) 代理店は、売主の商標を使用する場合、期間の満了その他いかなる事由に基づく本契約の終了によっても損害賠償を請求することなく売主の商標の使用を中止し、その後も使用しないものとする。ただし、代理店は、売主の商標を付する製品のうち、本契約の終了時に在庫として所有している分については、本契約の終了から_____ヶ月間は販売することができ、それ以後は販売できないものとする。

解説

第10条　〔商標〕

　この条項は代理店による対象品の販売活動において、使用される商標に関して規定することを主たる目的とする。商標はそのもの自体に価値があるのではなく、販売活動などを通じての使用によって価値が生ずるという特質を持っているので、商品そのものの品質、規格などを表わすも

のとして認識されるまでには品質の維持、効果的販売活動を通じての長年にわたる努力が必要となる。

　代理店による対象品のマーケティング活動において使用される商標は、商標を全く使用しない場合やOEM契約の場合を除き、売主側のものとするのが一般的であろうし、いわゆるブランド商品の場合には売主から当該商標の使用を義務づけられるのみならず、何らの改変、追加的表示などの禁止という強い義務規定の挿入を要求されるのが通例である。売主の指定商標を使用する場合には、当該商標が販売地域において適法に使用できるかにつき調査しておく必要がある。我が国においては商標権の登録の有無を確認することである。

　例文は代理店側に対し使用する商標に関する決定権を与えているが、対象品の性格、取引実態如何によって適切な規定をするのが良かろう。更に例文 (b) 項では、契約終了後の使用関係について付言している。すなわち、売主の指定商標を代理店が使用する場合において、契約終了後は使用不可という原則につき述べた上で（売主としてはこれを要求することが多い）、これは代理店側の対象品に関する在庫保持義務とも関り合いを有するのであるが、契約終了時において代理店が在庫として保有している対象品については、その後においても一定期間販売し得るとしている。もちろんかかる対象品を契約終了時において売主側が引取る等何らかの処分につき他に規定されているのであれば、(b) 項但書は不要ということになろう。

■　**Intellectual Property Rights ／知的財産権**

Article 11　Intellectual Property Rights	**第 11 条　〔知的財産権〕**
(a) In case Distributor has found that Exporter's trademarks, copyrights, patents or other intellectual property rights are infringed upon in Territory by a third party, Distributor shall immediately inform Exporter of such infringement and assist Exporter to take necessary steps to protect its rights effectively. Distributor shall have the right to take necessary action by itself at Exporter's account, if Exporter fails to dispute or is deemed to have no intention to restrain such infringement.	(a) 代理店は、地域内における売主の商標権、著作権、特許権その他の知的財産権の第三者による侵害に気づいた場合、ただちに売主に当該侵害を通知し、売主が権利の効果的な保護のために講ずる必要な措置に助力するものとする。売主が争わず、または当該侵害を抑制する意思がないとみなされる場合、代理店は売主の費用で自ら必要な措置を講ずる権利を有する。売主はまた、代理店の要請に応じ、適切な防禦または行為の遂行に有用なすべての情報または証拠を代理店に提供するものとする。
	(b) 本契約に基づく製品の販売に関連し、地域内において、第三者がその商標

Exporter shall also, upon request of Distributor, furnish Distributor with any information or evidence which is available for proper defence or prosecution of such actions.

(b) In case a third party has alleged infringement in Territory of trademarks, copyrights, patents or other intellectual property rights owed by such third party in relation to distributing Products hereunder, Distributor shall immediately inform Exporter of such claim or allegation and the parties hereto shall take necessary action in cooperation. If Exporter fails to dispute about such allegation with such party or if Distributor decides not to dispute about it, Distributor may terminate this Agreement without prejudice to all other rights claimable to, or remedies obtainable from, Exporter hereunder for any and all of its loss and damages sustained thereby.

権、著作権、特許権その他の知的財産権の侵害を申し立てた場合、代理店は、ただちに当該請求または申立てを売主に通知し、両当事者は協力して必要な措置を講ずるものとする。売主がかかる申立てに関する当該第三者と争わず、または、代理店が争わないことを決定した場合、代理店は、これにより代理店が被るあらゆる損失、損害に関し、売主に請求可能な他のすべての権利、または、売主から取得し得る救済に影響を与えることなく、本契約を解除することができる。

解説

第 11 条 〔知的財産権〕

　この条項は商標権を含む知的財産権に関する紛争などが販売地域において発生した場合または発生する危険性につき知覚された場合の対処如何などにつき規定する。その場合の形態としては販売地域において確立している売主の知的財産権が第三者によって侵害される場合と、第三者が保有する知的財産権が対象品に関するマーケティング活動によって侵害されているまたは侵害され得る旨主張される場合とが考えられる。その各々の場合につき売主および代理店の対処方法につき明確にしておけば良い。

　例文の (a) 項では前者の場合を想定し、先ずそれら情報を早い時期に知り得る立場にある代理店に対し通知義務を課すると共に、売主が主体となって提起する手段ないし手続に関する協力義務を課している。さらに売主が自らの権利擁護のための何らの行動をも取らないような場合には、

代理店自ら行為し得る旨規定している。しかしながら特許法、商標法などによる保護を裁判所などに対して求め得るのはさまざまな要件の充足が要請されるものであることに注意を要する。この場合は、対象品のマーケティングそのものがなし得なくなる訳ではないが、実質的には代理店の活動に相当影響するものと思われるので、代理店自ら何らかの効果的手続ないし手段が取れる旨も規定しておくのが良かろう。

　例文の (b) 項では後者の場合を想定し、先ず (a) 項同様に代理店に対して通知義務を課している。問題に対する処し方は (a) 項と違って、当事者が互いに協力し合う旨規定している。これは代理店にとって、対象品のマーケティングそのものを継続し得るか否かに関わる問題であることに由来する。この点に関しては、例文はさらに代理店の解約権について付言している。即ち売主が全く争わない場合、または代理店が争わない旨決定した場合の解約である。これは対象品のマーケティングそのものの継続を危うくする事由が生じたことを意味するので、代理店側の明確な解約権として規定する。

■　Warranty ／保証

Article 12 Warranty	第 12 条 〔保証〕
(a)　Exporter shall warrant that each of Products is free from any defect in design, material or workmanship. In case Distributor finds a defect in Products, Exporter shall, according to Distributor's demand, supply Distributor with all necessary parts for repair of such defective Products without charge or replace such defective Products with complete ones, and/or compensate for losses incurred thereby, provided, however, that the warranty of Exporter shall not be limited to the above-mentioned.	(a)　売主は、製品の設計、原材料、製造者の技量に瑕疵がないことを保証する。代理店が製品に瑕疵を発見した場合、売主は、代理店の請求に従い、当該瑕疵製品の補修に必要なすべての部品を代理店に無償で供給するか、または瑕疵のない製品と交換するか、もしくは当該瑕疵製品から生じた損害を賠償するものとする。ただし、売主の保証は上記に限定されない。
(b)　Claims by Distributor with regard to any defect in Products shall be in writing and shall be dispatched by Distributor with full particulars within one (1) year after receipt of Products.	(b)　製品の瑕疵に関する代理店の請求は、代理店がその詳細のすべてを書面にして製品の受領後 1 年以内に発送するものとする。
	(c)　代理店は、売主が各製品に添付する保証書に規定する保証期間内は、無償で修理を行う。売主は、代理店の請求に従い、代理店に修理部品を無償で供給することに同意する。

(c) Distributor shall offer free repair services during the warranty period set forth in the customer's warranty card to be attached to each of Products by Exporter. Exporter agrees to supply Distributor with repair parts without charge, if required by Distributor.

解説

第 12 条 〔保証〕

　この条項は、対象品に関する売主の保証内容および形態並びに保証違反の場合における対処方法について規定する。対象品が多岐にわたっている場合にはそれらによって保証内容も変わることが予想され得るし、また個々の売買契約中に規定があれば、基本契約中に保証条項を規定する意味は稀薄となろう。しかしながら基本契約条件が個々の売買契約条件に優先する場合であって、個々の場合を律する契約書式に関して基本契約中に付言していない場合、総論的な保証の枠を設定する意味がある。

　売買契約における売主の最大の義務は約定品を買主に提供することと言える。品質に関しても約定の品質を有するべきものであることは当然である。

　保証には契約上売主が負担すべき約定保証と法律が要求する法定保証とがあるが、法定保証に頼らずに、契約において明示的に規定しておくほうがよい。

　例文は保証内容につき一般的に規定し、対象品の瑕疵（契約不適合）が発見された場合の措置につき付言している。さらに対象品が再販売を目的としているものであることに鑑み、代理店に対しいわゆるアフターサービスの義務を負わせている。ただし大前提として、いわゆる保証書が売主によって添付されていることおよびサービスは当該保証期間に限定されることを規定している。この (c) 項は当該サービスを誰がなすべきかを中心にして、対象品の性質、市場性などを勘案した上で適切なアレンジをすべきである。

Article 13　Indemnity

Exporter shall hold Distributor harmless from all liabilities for any and all claims or disputes raised in connection with the Products by customers or users thereof, to whom Distributor has directly or indirectly sold the same, as based on or arising out of or incidental to alleged failure of Exporter to perform its obligation imposed herein or by law or by government, whether national, state, municipal or any agency thereof, such as by the Product Liability Law promulgated in Japan, among others.

Exporter shall indemnify, reimburse and compensate Distributor for all losses and damages, including, without limitation, assessment, costs, expenses, charges and reasonable attorney's fee for the defensive action taken by Distributor, if Distributor incurs the same as a result of such claims or disputes.

第 13 条　〔賠償責任〕

売主は、本契約、または特に日本で公布された製造物責任法のような、国、州、自治体政府およびそれらの関係機関などの定める法律により課される売主の義務の不履行に対する申立てに基づき、またはそれにより発生し、もしくはそれに付随して発生する、代理店が直接間接に製品を販売した顧客または使用者が製品に関して提起するあらゆる請求、紛争につき、代理店を免責する。

売主は、かかる請求、紛争に対する防禦行為に必要な税金、経費、合理的な弁護士費用などを含む損害を代理店が被った場合、その損害を補償する。

【解説】

第 13 条　〔賠償責任〕

代理店から対象品を購入した顧客またはその利用者が、対象品に関して本契約または法令などの売主による違背を理由として提起するクレームまたは紛議に対して、売主は代理店を免責とすると特約した上で、前記のクレームまたは紛議の結果として、その防禦のために要した弁護士費用を含み代理店において発生した一切の損失ないし損害金について、売主は代理店にこれを賠償する義務を負うとするのが本条の本旨である。この条項は、対象品に関する第三者提起の紛争・訴訟の対象であって、右の例文で言及の如く、特に本邦で施行される製造物責任法を意識して（但しこれに限るものではない）、同法により代理店に生じる損失ないし損害金の売主への転嫁を主たる目的としている。

しかしながら、製造物責任法上の責任の売主（本例文では Exporter）への転嫁については、個々

の事案に則り、合理的かつ補充的事項を契約上規定することが望ましい。例えば、対象品が機械類である場合に、その取扱説明書あるいは使用上の重要注意事項などの代理店への提供を契約上売主に義務づけること（前記書類などの代理店による完全和訳文の作成とその顧客宛交付義務も併記する）などが考えられる。この様な事項は、対象品の形状・特性などを個別に考慮して別条で規定するべく、本例文では省略した。

■ Inventory／在庫

Article 14 Inventory	第14条 〔在庫〕
Distributor shall maintain reasonable inventory of Products in Territory to keep them available for ready supply for its customers' service, and Exporter shall maintain such inventory of Products so that Exporter can provide prompt shipment whenever Exporter receives an order for Products from Distributor.	代理店は、地域内において、顧客にすみやかに供給しうる合理的な量の製品の在庫を維持しなければならない。また売主は、代理店から製品の注文を受けた場合に即座に出荷できるよう、製品の在庫を維持しなければならない。

解説

第14条 〔在庫〕

　この条項は、代理店側に適切な在庫数量を保持すべき義務を課すと共に、売主側に対しても代理店からの買注文を受けて遅滞なく出荷すべく在庫保持を義務づけることを目的とする規定である。もちろん、代理店として代理店契約の締結にあたり、必ずしも当然に在庫保持義務を負担せねばならないものではない。さらに対象品がいわゆるブランド商品の場合には、契約終了後の在庫処分などの措置が規定されていない限り、その処分などをめぐって争いが生じる可能性もあり、代理店としてはかかる義務を無条件に負うことは危険である。

　例文は、むしろ後段の売主側の在庫保持義務を規定するところに意味を見出しているのだが、対象品の性質、市場性などの当該売買をめぐる諸事情および基本契約中の他規定を勘案して、実情に合致した方策ないし規定を考えて頂きたい。

■ Terms ／期間

Article 15　Terms

　This Agreement shall come into force on the date first above written upon the signing of both Exporter and Distributor and, unless earlier terminated, remain in force for a period of ＿＿ years and shall be automatically renewed and continued on a year to year basis unless the parties fail to agree to the renewal or the conditions of renewal of this Agreement at least ＿＿ months before the expiration of the original term or any such extension of this Agreement.

第 15 条　〔期間〕

　本契約は、冒頭記載の日付において、両当事者の署名により効力を発生し、事前に解除される場合を除き、＿＿年間、その効力を存続するものとする。当初期間または更新された期間の満了の少なくとも＿＿ケ月前に、当事者のいずれかが本契約の更新、またはかかる更新の条件に合意しない場合を除き、本契約は自動的に一年ずつ更新され、存続するものとする。

解説

第 15 条　〔期間〕

　契約期間とは、とりもなおさず売主と代理店との間の権利義務の存続期間である。この条項の規定に当たっては発効日との関係で留意しなければならないことがあるが、通常は冒頭記載の年月日を起算日としてカレンダーイヤーで規定することが多い。最も一般的なのは確定期間を予め定めておく方法であるが、不確定期間としておく方法もある。確定期間をもって契約期間を定めた場合には、その期間の満了とともに契約関係も終了することが当然である。期間についての合意がない場合には、相手方に対する通知をもって終了させることができると一般には解されている。しかしながら、終了によって相手方が著しい損害を被る場合には、相手方に対し何らかの賠償金を支払わなければならないこともある。

　期間の定め方については特別な方式はないが、当初は 2 ～ 3 年が適当であると言われている。但し、代理店契約はその性格からして相当期間継続するのが実情であると言える。

■ Termination ／解除

Article 16　Termination

(a)　In case there is any breach and/ or violation of the provisions of this Agreement by either party during the effective period of this Agreement, the said party shall

第 16 条　〔解除〕

(a)　本契約の有効期間中に当事者のいずれかが本契約の規定を履行せず、または本契約の規定に違反した場合、当該当事者は第一に、他方の当事者に満足のいくよう、問題の早期およ

first of all endeavour to settle the matter as soon and amicable as possible to the satisfaction of the other party. Unless the settlement of relevant matter is reached within ＿＿ days after the notification in writing of the other party, such other party shall have the right to terminate unconditionally this Agreement in writing and the loss and damages sustained thereby shall be indemnified by the party responsible for such breach and/or violation.

(b) In case bankruptcy, insolvency, dissolution, consolidation, receivership proceedings affecting the operation of business or discontinuation of business for any reason and/or reorganization by a third party occurs to either party hereto, the other party shall have the right immediately upon the occurrence of any of such events to terminate this Agreement without burden on its part of any compensation therefor.

び平和的な解決に尽力するものとする。他方当事者の書面による通知から＿＿＿日以内に問題の事項が解決されない場合、他方当事者は、本契約を書面により無条件で解除する権利を有し、当該解除により発生する損害は、それらの不履行または違反の責を負う当事者が補償するものとする。

(b) 本契約の当事者の一方に、事業の運営に影響を与える破産、支払不能、解散、合併、もしくは管財手続、または、何らかの事由による事業の中断、もしくは、第三者による組織の再編があった場合、他方当事者は、これにより生じる損害の賠償を負担することなく、その発生と同時に本契約を解除することができる。

解説

第16条 〔解除〕

　期間満了による終了のほか、当事者の契約違反、および破産、支払不能などの当事者の信用の事実上の喪失（契約を続けるために支障をきたす事由の発生が当事者の責に帰するか否かを原則として問わない）によって、相手方当事者は契約を解除できる。

　契約違反は原則として契約解除の原因となると言われているが、違反の態様には種々のものが考えられる。解除権の発生については法定されていることが多いが、代理店契約のような長期継続的な契約関係を、一方当事者が無条件に解除できるためにはその契約関係の基礎となっている

当事者間の信頼関係の破壊をもたらすような重大な違反でなければならない。どのようなことが重大な契約違反に相当するかの判断は難しいので、規定の仕方としては、相当期間を違反事実の治癒期間とし、期間内に治癒がなされない場合にはじめて解除権を行使し得るとしておくのが一般的である。

■ Assignment／契約譲渡

Article 17　Assignment 　Neither whole of this Agreement nor any part hereof may be assignable or transferable by either of the parties hereto without the prior written consent of the other party.	**第17条　〔契約譲渡〕** 　いずれの当事者も、他方当事者の書面による事前の同意を得ることなく、本契約の全部または一部を譲渡してはならない。

解説

第17条　〔契約譲渡〕

　代理店契約のように相互の信頼関係（経済的な信頼のみならず人的な信頼も含む）に基づいている契約は、契約期間中に第三者に譲渡されるべき性格を本質的に有するものではない。契約の譲渡とは一般的には契約当事者の地位の譲渡であるが、相手方当事者の承諾なくして譲渡することを認めるような法制をとっている国はおそらくないであろう。契約当事者の地位の譲渡ではなく、契約関係から生じた個々の債権債務を譲渡することは、必ずしも代理店契約の本質に反するものではない。ただ債権譲渡と債務引受とは性格を異にするので、相手方の書面による事前の同意を必要条件として両者について認める余地を残しておく方が実務的といえる。

■ Secrecy／秘密

Article 18　Secrecy 　In case either party designates any and all matters secret which are furnished by such party in connection with this Agreement, the other party shall keep in strict confidence of such matters from any third party. 　The only exception, however, shall be disclosures forced by laws, regulations or orders of governments or other organizations having necessary	**第18条　〔秘密〕** 　本契約に関連し、当事者のいずれかが開示する事項の一部または全部を秘密に指定した場合、他方当事者は、いかなる第三者に対しても、かかる事項の秘密性を厳に保持しなければならない。 　但し、法律、規則、政府その他しかるべき権限を有する機関の命令により当該秘密事項の開示が強制される場合、かかる開示が本条の違反とはみなされないことを例外とする。

authorities, and such disclosure shall not be deemed to be violation of this Article.

解説

第 18 条 〔秘密〕

　契約関係を創設、維持する上で何らかの秘密事項を伴うのは当然であり、代理店契約もその例外ではない。すなわち、売主からは代理店に対し対象品に関する秘密情報の提供がなされようし、代理店からは売主に対し販売地域内における種々の秘密情報が提供されるであろう。

　これらの秘密情報の相互的交換は大きな販売成果を得るためには必要不可欠とも言える。代理店契約という信頼関係に基づいた長期継続的契約関係においては、相互の秘密保持義務は商道徳上当然とも言える。しかしながら契約書上で明確な義務として規定しておくべきである。

　例文では当事者双方の義務として明記した上で、当事者の責に帰すべからざる事由によっての相互に交換された秘密情報の公開に関してはその例外としている。

■　**Force Majeure ／不可抗力**

Article 19　Force Majeure

Neither party shall be liable to the other for failure or delay in the performance of any of its obligations under this Agreement for the time and to the extent such failure or delay is caused by riots, civil commotions, wars (declared or undeclared), hostilities between nations, governmental laws, orders or regulations, embargoes, actions by the government or any agency thereof, acts of God, storms, fires, accidents, strikes, sabotages, explosions, or other similar or different contingencies beyond the reasonable control of the respective parties. If, as a result of legislation or governmental action, any party or parties are precluded from receiving any benefit to which they are entitled hereunder, the

第 19 条　〔不可抗力〕

　いずれの当事者も、暴動、内乱、戦争（宣戦布告の有無を問わない）、国家間の対立、政府の法律、命令、規則、出入港禁止命令、政府またはその関係者の活動、天災、荒天、火災、偶発事故、ストライキ、サボタージュ、爆発、その他影響を受ける当事者の制御できない類似または特異の事態により発生する、他方当事者の本契約に基づく当該当事者の義務の不履行または履行の遅滞につき、他方当事者に対し責任を負わない。法律または政府の行為の結果、当事者の一方または両方が本契約に基づく利益の享受を妨げられた場合、両当事者は、当該当事者が従前享受していたものと同様の適切な地位を取り戻すのに尽力できるよう、本契約の条件を再検討するものとする。

parties hereto shall review the terms
and conditions of this Agreement so as
to use their best efforts to restore the
party or parties to the same relative
positions as previously obtained
hereunder.

解説

第19条 〔不可抗力〕

　契約上の義務の履行が、当事者の故意または過失ではなく当事者の制御できないような外部的な事由により妨げられることがある。そのような外部的作用を不可抗力といい、それに起因する義務の不履行についてはその当事者は免責される。どのような事由が不可抗力事由となるかについては、最終的には訴訟や仲裁などの場における事実認定の問題として、契約の性質および内容を考慮して相対的に決定されることになるが、契約書作成にあたっては如何なる事由を不可抗力事由とするかについて予め具体的に例示しておくのが望ましい。

　不可抗力による免責が認められるために、相手方当事者が極端に不利な立場に立たされることもあるので、衡平の見地からその後の措置についても規定しておくことが望ましい。

　ただし、この条項の恩恵を受けるのは売主（Exporter）が圧倒的に多いため、代理店としてはこの条項を入れないことも一考に値する。

■　Notice ／通知

Article 20　Notice

(a)　All notices, demands and other
communications to be given
hereunder by either of the parties
hereto shall be made in writing
by registered airmail, or cable or
telex or facsimile followed by a
confirmation letter by a registered
airmail, to the addresses first
hereinabove written, or such other
address of the other party as may
be hereafter notified by such other
party pursuant to the provisions of
this Article as and when the said

第20条 〔通知〕

(a)　両当事者の本契約に基づくすべての
通知、請求その他の連絡は、書面の
書留航空郵便、または、電報、テレックス、ファクシミリで送信後、書留
航空郵便で確認の書状を送付する方
法で、冒頭に書かれた住所または、
当事者のいずれかが本契約期間中に
住所を変更した場合は、本条の規定
に従い後日通知される住所宛になさ
れるものとする。

(b)　上記の通知、請求その他の連絡は、
受領された時点をもってなされたも
のとみなす。

other party changes its address during the term hereof.
(b) All notices, demands and other communications mentioned above shall be deemed to have been given at the time of receipt.

解説

第20条 〔通知〕

　地理的に離れた当事者間の連絡に行き違いがないように、意思表示の伝達方法およびその効果について規定したのがこの条項である。

　意思表示の効果の発生時期については発信主義と到達主義とが考えられる。

　電子的な伝達に通知としての効力を認める場合には、その手続きや、不着の場合の扱いなどを詳しく規定するのがよい。

■　Trade Terms ／貿易条件

Article 21　Trade Terms

　The trade terms under this Agreement and/or each individual contract hereunder shall be governed by and interpreted in accordance with the provisions of Incoterms 2020 of the International Chamber of Commerce.

第21条 〔貿易条件〕

　本契約または本契約に基づく各個別契約は、国際商業会議所の定めるインコタームズ 2020年版の規定に準拠し、これにより解釈されるものとする。

解説

第21条 〔貿易条件〕

　貿易取引は法律のみならず国際的慣習に従って行われることが多い。この国際的慣習は、長年の慣行として定型化されてきたものであるが、いまだ慣習法として確立されたものはなく、内容、解釈などについては多少の相異点があるので、そのいずれによるかをこの条項で規定しておくことが必要である。

　本邦業者にとっては、例文のように国際商業会議所のいわゆるインコタームズの適用が無難である。

■ Governing Law ／準拠法

Article 22　Governing Law

　The validity, interpretation and performance of this Agreement shall be governed by and in accordance with the laws of Japan[, excluding the United Nations Convention on Contracts for the International Sale of Goods].

第 22 条　〔準拠法〕

　本契約の有効性、解釈及び履行は、[国際物品売買に関する国連条約を除き、] 日本国法に従うものとする。

解説

第 22 条　〔準拠法〕

　契約当事者が法律を異にする国に属する場合、その契約はどこの国の法律によって解釈すべきかが問題となる。これについては当事者の意思を基準として定めるといういわゆる当事者自治の原則が多くの国において認められているのが一般であるから、この条項で予め規定しておく必要がある。

＜ウィーン売買条約＞

　国際的な物品の売買契約については、「国際物品売買契約に関する国連条約」（ウィーン売買条約）が日本についても効力を発生している。この条約の特徴は、明示的に排除しない限り自動的に適用され、国内法に優先することである。きわめておおまかに言うと、契約書でいろいろな事項を細かく定めてウィーン売買条約の適用を排除するという選択肢と、逆に契約書は結ばずに全面的にウィーン売買条約のみに従うという選択肢があり得ると思われる。ウィーン売買条約の適用を排除するのであれば、例文中の [ ] で示したような文言を入れるのがよい。

■ Arbitration ／仲裁

Article 23　Arbitration

　All disputes, controversies or differences arising out of or in connection with this contract shall be finally settled by arbitration in accordance with the Commercial Arbitration Rules of The Japan Commercial Arbitration Association. The place of the arbitration shall be Tokyo, Japan.

第 23 条　〔仲裁〕

　この契約から又はこの契約に関連して生ずることがあるすべての紛争、論争又は意見の相違は、一般社団法人日本商事仲裁協会の商事仲裁規則に従って仲裁により最終的に解決されるものとする。仲裁地は東京（日本）とする。

第23条 〔仲裁〕

　国際取引から生じる紛争を解決するために、訴訟を提起するという方法があるが、相手国の裁判所でその国の手続法によりその国の言語で裁判をするのは、コストがかかる上に、公正な裁判が期待できない国もある。そこで、当事者双方が選任権を有する仲裁人により、合意した手続ルールや言語によることができる仲裁によって紛争を解決するという方法が国際取引ではよく使われている。仲裁によれば、迅速に、それゆえに安価に紛争を解決することができ、しかも強制執行が必要となる場合にも、判決よりも仲裁判断の方が多くの国が締約国となっている条約があるためにスムーズだからである。

　仲裁条項のドラフティングでは、仲裁の対象となる紛争の範囲、仲裁機関、仲裁規則、仲裁地などを明確に規定する必要がある。この条項は、日本商事仲裁協会（JCAA）の商事仲裁規則に従って東京での仲裁より紛争解決をすると定めるものである。このような仲裁合意をしておけば、相手方が訴訟を提起してきても、その訴えの却下をもとめることができる。詳しくは「III. 仲裁条項のドラフティング」参照。

■　**Entire Agreement／完全合意**

Article 24　Entire Agreement	**第24条　〔完全合意〕**
This Agreement constitutes the entire and only agreement between the parties hereto and supersedes all previous negotiation, agreements and commitments relating to the sale of Products and shall not be modified or changed in any manner except mutual express consent in writing of subsequent date signed by a duly authorized officer or representative of each of the parties hereto.	本契約は、両当事者間の完全唯一の合意を構成するものであり、製品の販売に関連する本契約締結前のすべての交渉、合意、誓約に取って代わるものとする。また、本契約は、各当事者の適式に権限を有する役員または代表者により署名され、本契約よりも後の日付の書面による両当事者の明示的な同意がある場合を除き、いかなる手段によっても変更、修正されない。

解説

第24条 〔完全合意〕

　この条項は、契約自体の地位についての取り決めである。契約交渉過程とか過去の取引で行われていた合意事項などこの契約以外のものはすべて効力を失い、この契約が当事者間の唯一の合意になるものとして無用の疑義をなくしている。

　この条項によって契約の唯一性が宣言されることになるので契約内容の修正、変更についても厳格な方式を要求するのが一般である。それらの方式について規定した場合には、それ以外の方

式による修正、変更には法律効果は与えられない。

■ Headings ／表題

Article 25 Headings The headings of articles used in this Agreement are inserted for convenience of reference only and shall not affect the interpretation of the respective articles of this Agreement.	**第25条　〔表題〕** 本契約の条文の表題は、参照の便宜のために挿入されるものであり、各条文の解釈に影響を及ぼすものではない。

解説

第25条　〔表題〕

　各条項に「見出し」として、便宜上その条項の内容を簡潔に示す表題を付けることが多い。そのような場合、その表題自体は内容の解釈とは無関係なものであり、当事者を拘束するような効力を有するものではない旨規定するのが、この条項である。

■ Language ／言語

Article 26 Language This Agreement shall be executed in English and in Japanese, but in the event of any inconsistency or difference between the two versions of this Agreement, Japanese language shall prevail in all respects.	**第26条　〔言語〕** 本契約は、英語および日本語で締結されるものとする。双方に矛盾や相違がある場合は、すべての事項において日本語が優先するものとする。

解説

第26条　〔言語〕

　契約書作成の為に使用する言語は一言語にしておくのが適当である。国際契約は使用言語の異なる当事者間の契約であることが一般であり、二言語以上で作成するとその内容について完全なる同一性を期することは技術的に困難であるので、多くの契約書は一つの言語によって作成されている。複数の言語を用いる場合には解釈上の不一致についての措置を定めておくことが必要である。

■　**Severability ／分離可能性**

Article 27　Severability

In case any provision, clause of application of this Agreement is held illegal, unenforceable or invalid by court or other competent authorities, it shall be deemed severable, and such illegality, unenforceability or invalidity shall not affect the legality, enforceability and validity of any other provisions, clauses and applications of this Agreement which shall be construed as if such illegal, unenforceable or invalid provisions, clauses or applications had not been inserted herein, unless such illegality, unenforceability or invalidity destroys the underlying business purposes of this Agreement.

第 27 条　〔分離可能性〕

本契約の規定、条項、適用が違法な場合、または、裁判所その他の当局により執行不能もしくは無効とされる場合、当該規定、条項、適用は分離可能とみなされ、かかる違法性、執行不能、無効性が本契約の根幹をなす事業上の目的を損なう場合を除き、当該違法、執行不能、無効な規定、条項、適用は本契約中に存在しなかったものとして解釈され、本契約の他の規定、条項、適用における合法性、執行可能性、有効性に影響を及ぼさない。

解説

第 27 条　〔分離可能性〕

　この条項は、本契約中に規定される条件などが司法機関または行政機関により、効力規定または経済法規などの取締規定に違反ないし抵触する故を以て、無効または強制的履行可能性などを否定される場合における本契約ないし本契約中の残余規定の取扱いに関し規定することを目的とする。

　いわゆる国際契約に限られることなく、契約関係を創設せしめる場合にあっては、当事者が必要関連法規につき十分調査しておくべきことは当然であるが、それらに関する調査を怠った場合、契約関係を維持する過程で法令の改廃があった場合、さらには経済法規の運用ないし解釈の幅が広い場合（経済法規は本質的にかかる性格を有するものと言える）においては、往々にして上記の如き事態が予想される。従ってその際の取扱いに関して規定しておく必要が出てくる。

　例文では上記の如き場合は、当該条件のみがあたかも当初から規定なきかの如く取り扱われ、本契約全体のないし本契約の残余規定の有効性については何らの影響をも及ぼさないとしている。但し、契約締結の主旨自体が阻害される場合は例外としている（このことは当然であるとも言えるが）。

■ 末尾文言および署名欄

IN WITNESS WHEREOF, both Exporter and Distributor have caused this Agreement to be executed in duplicate by their respective duly authorized officers or representatives as of the day and year first above written.

_____ Co., Ltd.

_____
President

_____ Co., Ltd.

_____
President

　本契約締結の証として、両当事者は、冒頭の日付において本契約書2通を作成し、それぞれ正式な権限を有する役員に署名せしめた。

（会社名）_____

社長 _____

（会社名）_____

社長 _____

解説

末尾文言および署名欄

　末尾文言はこの契約が両当事者の正当な代表者または正当に授権された者によって署名され成立したことの宣言文であり、IN WITNESS WHEREOF で始まる一種の決まり文句である。

　署名は、代表権を有する者または代表者の委任のある者がなさなければならない。署名に際しては、通常署名権限の有無を確認する意味でも署名者の姓名と共に、同人の肩書きをも明確に表示しておくべきであろう。

III. 仲裁条項のドラフティング

1. 仲裁とは
(1) 法制度としての仲裁

　一般に、仲裁とは「争いの間に入り、両者を取りなし仲直りをさせること」との意味で使われることが多いが、法制度としての仲裁は、紛争当事者間の合意により仲裁人が紛争解決をするものである。分かりやすく言えば、仲裁は法律で認められた私設の裁判である。

　仲裁は、当事者の合意、すなわち、仲裁合意がその根幹である。仲裁合意とは、当事者が紛争の解決を第三者の判断に委ね、その判断に従う旨の合意である。仲裁合意において様々なことを決めておくことはできるものの、細かく合意事項を定めることは煩雑であるので、日本商事仲裁協会（JCAA）のような仲裁機関の仲裁規則によることを定めておくのが普通である。通常、契約書中に仲裁条項として定めておく。仲裁合意があるにもかかわらず、一方の当事者が裁判所に提訴した場合には、他方の当事者が仲裁合意の存在を主張すれば（妨訴抗弁）、裁判所はその訴えを却下することになる。

　仲裁において、裁判官の役割を果たす第三者を仲裁人という。当事者が裁判官を選ぶことはできないが、仲裁人は当事者が合意により選ぶことができる。1名の仲裁人とすることを合意していて、その選任について合意できなければ、仲裁条項において指定している仲裁機関の規則により、その仲裁機関が決定をする。また、3名の仲裁人とすることを合意している場合には、各当事者が1名の仲裁人を選任し、そうして選任された2名の仲裁人が最後の1名を選任する。この合意ができない場合にもJCAAが決定することになる。仲裁人は、当事者の一方が、仲裁手続を無視して何ら対応しない場合でも、仲裁手続を進めることができ、仲裁判断を下すことができる。

　仲裁判断は、確定判決と同一の効力があり、相手方が任意に履行しない場合は、裁判所により強制執行してもらうことができる。

(2) 仲裁の特長
(a) 国際性

　仲裁法によれば、仲裁判断には、確定判決と同一の効力が認められている。判決の場合には、外国で日本の裁判所の判決の効力が認められるかどうかはその外国の法律次第であるが、仲裁判断の場合には、他の締約国においてされた仲裁判断を一定の要件のもとに承認し、これに基づき強制執行すること約束した「外国仲裁判断の承認および執行に関する条約」（ニューヨーク条約）がある。現在、ニューヨーク条約の締約国は160カ国以上であり、ほぼすべての国が締約国になっているということができる。

　なお、非締約国のうち、わが国と取引の多い国として台湾がある。しかし、台湾は自国の仲裁法においてニューヨーク条約と同様の要件を定めている。

(b) 中立性

　仲裁は、手続および判断の中立性を確保することができる。異なる国の当事者の間の取引をめぐる紛争を、一方当事者の国の裁判所によって解決することは、手続法や言語などの違い、さらには適切な弁護士の選任や管理ができないといったことなどから、他方当事者にとって不利である。また、腐敗した裁判官がいる国もある。この点、仲裁は当事者間の合意に基づく紛争解決制度であり、仲裁人の選任、手続言語、手続の進め方などについて、広く当事者の合意によることが認められている。例えば、中国企業と日本企業と間の紛争であっても、英語により、第三国籍の仲裁人による仲裁によって解決することもできる。

(c) 手続の柔軟性

　訴訟では、手続のルールは訴訟法に定められており、これを変更することは認められない。他方、仲裁は当事者の合意を基礎にするものであり、当事者が合意により手続の進め方を決めることができる。たとえば、紛争解決期間を6カ月と限定して、その期間内に仲裁判断を下すことを仲裁人に求めることや、手続のすべてを書面やウェブ会議によってのみ行うことも可能である。

(d) 非公開性

　訴訟では、一般に手続が公開される。わが国では、憲法82条1項は「裁判の対審及び判決は、公開法廷でこれを行ふ。」と規定している。他方、例えばJCAA仲裁の場合、仲裁を行っていることや仲裁判断の内容について仲裁人も当事者も守秘義務を負っているので、業界の他社に知られることはない。

(e) 迅速性

　訴訟は三審制であり、最高裁まで争われると数年はかかる。これに対し、仲裁では、仲裁判断が下されれば、これに対する上訴はできないので、訴訟と比べると迅速に紛争解決を得ることができる。

2. 仲裁条項のヒント

　当事者は、仲裁法の公の秩序に関する規定に反しない限り、どのように仲裁手続を行うかを自由に決めることができる。仲裁には仲裁機関を利用して仲裁手続を行う「機関仲裁」と仲裁機関を利用しないで当事者のみで仲裁手続を行う「アド・ホック仲裁」の2つがあるところ、「アド・ホック仲裁」では、現実にうまく仲裁手続が進まないだけでなく、仲裁合意が一応存在するために訴訟ができないという八方塞がりになったケースもある。仲裁に不慣れな場合には、JCAAのような仲裁機関を利用した「機関仲裁」が安全である。

　機関仲裁を利用する場合の仲裁条項のドラフティングでは、利用する規則を特定するだけを定めることもあるが、これに加えて、具体的な手続の方法、仲裁人の資格・数、仲裁手続の言語、手続費用の負担などの定めを盛り込むこともある。以下では、様々な仲裁条項の具体例をあげ、それぞれの特長について考える。

（1）JCAA の 3 つの仲裁規則に基づく仲裁条項

　JCAA では、（a）商事仲裁規則、（b）インタラクティヴ仲裁規則、（c）UNCITRAL 仲裁規則、以上 3 つの仲裁規則に基づく仲裁を提供している。これらの仲裁規則はそれぞれに特長を有し、当事者はその中からふさわしい規則を選択することができる。これらの仲裁規則は JCAA のウェブサイト（http://www.jcaa.or.jp/）からダウンロードが可能である。

（a）商事仲裁規則によって仲裁を行う場合の仲裁条項例

All disputes, controversies or differences arising out of or in connection with this Agreement shall be finally settled by arbitration in accordance with the Commercial Arbitration Rules of The Japan Commercial Arbitration Association. The place of the arbitration shall be Tokyo, Japan.	この契約から又はこの契約に関連して生ずることがあるすべての紛争、論争又は意見の相違は、一般社団法人日本商事仲裁協会の商事仲裁規則に従って仲裁により最終的に解決されるものとする。仲裁地は東京（日本）とする。

解説

　商事仲裁規則【日本語・英語】は、UNCITRAL 仲裁規則の規定を基礎にし、その上で、最新の国際実務を反映した規定を備え、かつ、実務上争いが生じ得る論点についてきめ細やかに対応した仲裁規則である。特長的な規定は、以下のとおりである。

- 迅速仲裁手続に関する規定
- 緊急仲裁人による保全措置命令に関する規定
- 複数の契約から生ずる紛争を 1 つの仲裁手続で解決することに関する規定
- 多数当事者が関与する紛争を 1 つの仲裁手続で解決することに関する規定
- 仲裁手続中の調停に関する規定
- 仲裁人による補助者の利用に関する規定
- 第三仲裁人の選任について当事者選任仲裁人が一方当事者の意見を個別に聴く場合に関する規定
- 少数意見の公表の禁止に関する規定

（b）インタラクティヴ仲裁規則によって仲裁を行う場合の仲裁条項例

All disputes, controversies or differences arising out of or in connection with this Agreement shall	この契約から又はこの契約に関連して生ずることがあるすべての紛争、論争又は意見の相違は、一般社団法人日本商事仲裁協

be finally settled by arbitration in in accordance with the Interactive Arbitration Rules of The Japan Commercial Arbitration Association. The place of the arbitration shall be Tokyo, Japan.	会のインタラクティヴ仲裁規則 に従って仲裁により最終的に解決されるものとする。仲裁地は東京（日本）とする。

解説

　インタラクティヴ仲裁規則【日本語・英語】は、商事仲裁規則と共通する規定を有しつつ、その上で、仲裁廷が争点の明確化に積極的に関与し、かつ、当事者が主張立証活動を効率的・効果的に行うことができるようにするための工夫として、以下のような特長的な規定を置いている。

- 仲裁廷は、手続の出来るだけ早い段階で、当事者に対し、当事者の主張の整理及び暫定的な争点について書面で提示し、当事者の意見を求めなければならない。
- 仲裁廷は、遅くとも証人尋問の要否について決定をする前に、当事者に対し、重要な争点に関する暫定的な見解を書面で提示しなければならない。

(c) UNCITRAL 仲裁規則＋ UNCITRAL 仲裁管理規則によって仲裁を行う場合の仲裁条項例

All disputes, controversies or differences arising out of or in connection with this Agreement shall be finally settled by arbitration in accordance with the UNCITRAL Arbitration Rules supplemented by the Administrative Rules for UNCITRAL Arbitration of The Japan Commercial Arbitration Association. The place of the arbitration shall be Tokyo, Japan.

解説

　UNCITRAL 仲裁規則（＋ UNCITRAL 仲裁管理規則）【英語のみ】には、以下の特長がある。

- 国際連合国際商取引委員会（UNCITRAL）が作成した仲裁規則である。
- 仲裁手続を円滑に行う上で最低限必要なルールを規定している。
- UNCITRAL 仲裁管理規則は、UNCITRAL 仲裁規則に基づき JCAA が事務局として仲裁手続の初めから終りまでサポートをする上で必要な事項について定めたものであり、UNCITRAL 仲裁規則を補完するものである。

(2) 機関仲裁条項（仲裁機関を指定する仲裁条項）

All disputes, controversies or differences arising out of or in	この契約から又はこの契約に関連して生ずることがあるすべての紛争、論争又は意

| connection with this Agreement shall be finally settled by arbitration in accordance with the Commercial Arbitration Rules of The Japan Commercial Arbitration Association. The place of the arbitration shall be Tokyo, Japan. | 見の相違は、<u>一般社団法人日本商事仲裁協会</u>の商事仲裁規則に従って仲裁により最終的に解決されるものとする。仲裁地は東京（日本）とする。 |

解説

　仲裁には仲裁機関を利用して仲裁手続を行う「機関仲裁」と仲裁機関を利用しないで当事者のみで仲裁手続を行う「アド・ホック仲裁」の2つがあるが、「機関仲裁」を選択する場合、どのような仲裁機関を利用すべきかが問題となる。

　仲裁というのは、仲裁条項を含む契約を締結した後、実際に仲裁を利用するのは数年後、数十年後のことになる。JCAAの仲裁事件でも、10年、20年前に締結した契約に基づいて仲裁申立てがなされることは、決して珍しいことではない。したがって、仲裁機関の選択においては、仲裁機関の存続性というものがとても重要な要素である。契約締結時に存在していたとしても、実際に紛争が生じて仲裁を申し立てようと思ったら、仲裁機関が無くなっていれば、仲裁での紛争解決手段が失われてしまう。仲裁機関はウイスキーの醸造メーカーのようなもので、よいウイスキーを仕込んでもそれが現実に利益を生むまでには一定の期間を要するため、その一定期間を生き延びる必要があり、資金不足で消滅してしまうおそれがある。

　近年、国際仲裁の発展に伴って、各国で次々に新しい仲裁機関が設立されているが、特に、新しい仲裁機関の場合には、安易に選択するようなことはせず、その存続性について調査する必要がある。この点、JCAAは、1950年に日本商工会議所の国際商事仲裁委員会として設置されて以降、半世紀以上にわたる歴史を有し、財政基盤も数多くの会員の支援と他事業からの収益によって安定しており、さらに何よりカントリーリスクのない日本の仲裁機関であるので、その存続性にいささかの問題もない。

(3) 仲裁規則を規定する仲裁条項

| All disputes, controversies or differences arising out of or in connection with this Agreement shall be finally settled by arbitration in accordance with <u>the Interactive Arbitration Rules</u> of the Japan Commercial Arbitration Association. | この契約から又はこの契約に関連して生ずることがあるすべての紛争、論争又は意見の相違は、一般社団法人日本商事仲裁協会の<u>インタラクティヴ仲裁規則</u>に従って仲裁により最終的に解決されるものとする。 |

　仲裁は当事者自治を基本とする紛争解決方法である。当事者は、仲裁法の公の秩序に関する規定に反しない限り、どのように仲裁手続を行うかを自由に決めることができる。したがって、当事者が仲裁手続の一つ一つについて検討し決めても良いが、実際にそのようなことをすることは大変面倒であるし、そもそも仲裁手続に不慣れな当事者にとっては、とても難しいことである。そこで、手続管理の専門機関である仲裁機関が、仲裁手続を行うためにドラフトした手続準則の「セット」を利用することになる。これが仲裁規則である。仲裁規則は、仲裁手続の細部に至るまで検討して、円滑にかつ実効的な紛争解決を実現するための様々な事項を定めたものであり、これを契約で採用することによって、当事者の合意内容になるので、個々の事項についての交渉の手間を省くことができる。

　とはいえ、特定の仲裁規則による仲裁を定める条項を契約に盛り込むということは、その仲裁規則が定めている内容のすべてを合意するということを意味するので、本来は仲裁規則の内容を事前にチェックして、万一紛争が発生した場合に自分の側にとって不都合はないのか、有利なのかを検討する必要がある。しかし、実際のところ、法務担当者であっても、仲裁の経験が豊富な方は滅多にいないので、仲裁規則を読んでみても、どのような状況が生じる可能性があるのか、その際にその規定はどのように作用するのかを評価することは難しい。そのような場合であっても、少なくとも、①仲裁人の選任手続の規定、②仲裁地を定める規定、③手続言語を定める規定、④仲裁人報償金や管理料金を定める規定、以上4つの規定については必ず確認する必要がある。

　上記の仲裁条項では、JCAA の「インタラクティヴ仲裁規則」が規定されている。インタラクティヴ仲裁規則は、仲裁廷が争点の明確化に積極的に関与することによって、当事者が主張立証活動を効率的に行うことができるよう工夫された仲裁規則である。上記の4つの点については、次のとおりになっている。

　①の仲裁人選任は当事者自治が原則であり、決められない場合には JCAA が定めることになっている。②の仲裁地について当事者間の合意がない場合には、申立人が仲裁申立書を提出した JCAA の事務所の所在地（東京、横浜、名古屋、大阪、神戸）が仲裁地となる。③の手続言語について当事者が合意できない場合には、仲裁廷が契約書の言語や通訳・翻訳の要否やその費用等を勘案して決定するとされている。④のうち、仲裁人報償金については、請求額に応じた定額制が採用されている点に特徴がある。たとえば、請求額が 5000 万円以上 1 億円未満で、仲裁人 1 名の場合には、200 万円であるので、予め紛争解決コストの計算が可能となる。

　仲裁条項は「真夜中の条項」（midnight clauses）の一つとされ、契約交渉の最終段階で、十分検討されることなくドラフトされることもあるが、いざ紛争が発生したときになってから適用される仲裁規則を読んで、遠隔地での仲裁を強いられるといった不利を悟ることがないように、事前のチェックを怠らないようにしなければならない。

（4）「商事仲裁規則」の迅速仲裁手続によって仲裁を行う場合の仲裁条項

All disputes, controversies or differences arising out of or in connection with this Agreement shall be finally settled by arbitration in accordance with the expedited arbitration procedures of the Commercial Arbitration Rules of The Japan Commercial Arbitration Association. The place of the arbitration shall be Tokyo, Japan.	この契約から又はこの契約に関連して生ずることがあるすべての紛争、論争又は意見の相違は、一般社団法人日本商事仲裁協会の商事仲裁規則の迅速仲裁手続に従って仲裁により最終的に解決されるものとする。仲裁地は東京（日本）とする。

解説

　商事仲裁規則第2編に定める迅速仲裁手続によって仲裁を行う場合の仲裁条項である。迅速仲裁手続は、原則、3億円以下の紛争を処理するために使われる仲裁手続である。仲裁人は1人で、仲裁廷の成立日から6か月以内に仲裁判断をするよう努めることとされている。一般に小額紛争に利用される手続であるが、高額紛争であっても、例えば、金銭消費貸借契約に関連する紛争など、主張・立証が比較的容易な事件にも適していると思われる。

（5）仲裁人の要件や数を規定する仲裁条項

All disputes, controversies or differences arising out of or in connection with this Agreement shall be finally settled by arbitration in accordance with the Commercial Arbitration Rules of The Japan Commercial Arbitration Association. The place of the arbitration shall be Tokyo, Japan. (i) The arbitrator shall be in possession of qualification of a lawyer in Japan. (ii) The number of the arbitrators shall be (　).	この契約から又はこの契約に関連して生ずることがあるすべての紛争、論争又は意見の相違は、一般社団法人日本商事仲裁協会の商事仲裁規則に従って仲裁により最終的に解決されるものとする。仲裁地は東京（日本）とする。(i) 仲裁人は日本の弁護士資格を有する者とする。(ii) 仲裁人の数は、（　）人とする。

(i)　仲裁人の要件

　当事者は仲裁条項において仲裁人の要件を自由に定めることができるが、現実的に選任が可能な要件を規定する必要がある。極端な例として、JCAA は、過去に、①フランスの弁護士資格を有し、②日本語で仲裁手続を行うことができ、③国際的な建設紛争に 10 年以上の経験がある者、という要件を定めてもよいかとの問い合わせを受けたことがある。もちろん、これらの条件を仲裁人の要件として定めることは可能であるが、現実的に、これらすべての要件を満たす仲裁人を探すことは極めて困難であると思われる。日本の仲裁法 18 条 1 項 1 号は、当事者の合意により定められた仲裁人の要件を具備しないことを忌避の原因として挙げている。特別の要件を仲裁条項に盛り込む際は、実際に機能するか否かをよく検討しなければならない。

(ii)　仲裁人の数

　一般に、仲裁実務では、仲裁人の意見が分かれて手続が行き詰まらないようにするために、1 人又は 3 人とされ、3 人の場合には両当事者が各 1 名を選任し、そうして選任された 2 名の仲裁人が 3 人目の仲裁人を選任することとされている。仲裁人の数は、当事者の合意によって定めることができるため、仲裁条項のドラフティングの際に、仲裁人の数を予め規定するか否か、規定する場合には何人と規定するかが問題となる。

　一見すると、1 人より 3 人のほうが、より慎重な判断を期待することができ、何より、自ら選任した仲裁人を仲裁廷の中に送り込むことできるのでよさそうに思われる。しかし他方で、単純に 3 倍の仲裁人報償金及び仲裁人経費を要する。手続期間についても、各仲裁人の都合の調整や合議の時間がかかるため、単独仲裁人による仲裁手続より、長い期間がかかる。

　仲裁人の数を決める上で、もっとも重要なことは、発生し得る紛争の規模と複雑さの予測である。JCAA 仲裁では、過去に、2000 万円～ 3000 万円程度の請求金額の単純な事件で、仲裁条項に仲裁人の数が 3 人と規定されていたため、3 人で仲裁廷を構成し、手続を実施した例がある。この事件では仲裁人の数は 1 人で十分であったと思われる。

　高額で複雑な紛争の発生が予想されるということであれば、仲裁人の数を 3 人と定める仲裁条項とすることでもよいが、そのような予測が立たない場合には、仲裁人の数は規定しないほうがよい。当事者間に仲裁人の数について合意がない場合には、商事仲裁規則 26 条 1 項により、その数は 1 人となる。これは、当事者が 2 人の場合であって仲裁人の数について合意ができないときは、仲裁人の数は 3 人とすると定める仲裁法 16 条 2 項の適用を排除する合意として有効である。そして、商事仲裁規則 26 条 3 項により、いずれの当事者も、被申立人が仲裁申立ての通知を受領した日から 4 週間以内に、JCAA に対し、仲裁人の数を 3 人とすることを書面により求めることができ、この場合において、JCAA は紛争の金額、事件の難易その他の事情を考慮し、これを適当と認めたときは、仲裁人は 3 人とすることができる。

　したがって、契約から発生する紛争の規模と複雑さの予測が困難な場合には、仲裁人の数は定めず、その数の決定を JCAA にお任せいただくことをお勧めする。

（6）仲裁手続の言語を規定する仲裁条項

All disputes, controversies or differences arising out of or in connection with this Agreement shall be finally settled by arbitration in accordance with the Commercial Arbitration Rules of The Japan Commercial Arbitration Association. The place of the arbitration shall be Tokyo, Japan. <u>The arbitral proceedings shall be conducted in Japanese.</u>	この契約から又はこの契約に関連して生ずることがあるすべての紛争、論争又は意見の相違は、一般社団法人日本商事仲裁協会の商事仲裁規則に従って仲裁により最終的に解決されるものとする。仲裁地は東京（日本）とする。<u>仲裁手続は日本語によって行なう。</u>

解説

　当事者は仲裁手続の言語（以下「手続言語」）を自由に定めることができる。例えば、「商事仲裁規則」や「インタラクティヴ仲裁規則」に基づく仲裁手続では、当事者間に、手続言語を定める合意がない場合には、仲裁廷が手続言語を決定する。仲裁廷は、手続言語の決定に当たり、仲裁合意を規定する契約書の言語、通訳及び翻訳の要否並びにその費用その他の関連する事情を考慮しなければならないとされている。一般に、国際契約書は英語で作成されていることが多く、その結果、手続言語の合意がない場合には、英語が手続言語となっている。日本企業にとって、英語で手続を実施することは負担が大きいため、日本語で仲裁手続を行ないたい場合には、予めその旨を仲裁条項に定めておく必要がある。

　仲裁条項で、たとえば「仲裁手続は英語及び日本語による。」といったように、複数の仲裁手続の言語を規定することもできる。しかし、これは実務的には問題が発生しやすく、費用や労力も大きい。というのは、上記の条項例によれば、日本語だけで書面を提出することができるのか、それとも日本語と英語の両方の言語で書面を提出しなければならないのかが定かではないからである。仮に、日本語の書面だけで、よいとされる場合であっても、仲裁廷の中に英語しか理解できない仲裁人がいる場合には、結局、英語の書面も提出せざるを得なくなる。したがって、日本語と英語のいずれの言語でも手続を行なえるようにするためには、仲裁人は両方の言語を問題なく使いこなせることを要件とするといった定めもしておくのが望ましいということになる。たとえば、次のような条項である。

The arbitral proceedings shall be conducted in Japanese or English. The Arbitrator shall be competent to conduct the arbitral proceedings in both Japanese and English.	仲裁手続は日本語又は英語によって行なう。仲裁人は、日本語および英語で仲裁手続を行なえなければならない。

しかし、そのような言語能力を有する適任者の絶対数は少なく、仲裁人選任作業が難航することが想定される。このように、複数の手続言語も定めるという条項は注意を要する。

（7）仲裁費用の負担を定める仲裁条項

　All disputes, controversies or differences arising out of or in connection with this Agreement shall be finally settled by arbitration in accordance with the Commercial Arbitration Rules of The Japan Commercial Arbitration Association. The place of the arbitration shall be Tokyo, Japan.

　The losing party shall bear the arbitrator's remuneration and expenses, the administrative fee and other reasonable expenses incurred with respect to the arbitral proceedings (hereinafter the "Arbitration Cost"). In the case where a part of claims is admitted, the Arbitration Cost shall be borne in accordance with the determination of the arbitral tribunal at its discretion. The parties shall each bear their own costs as well as counsels' and other experts' fees and expenses in the arbitral proceedings.

　この契約から又はこの契約に関連して生ずることがあるすべての紛争、論争又は意見の相違は、一般社団法人日本商事仲裁協会の商事仲裁規則に従って仲裁により最終的に解決されるものとする。仲裁地は東京（日本）とする。

　仲裁人報償金、仲裁人経費、管理料金、その他の仲裁手続のための合理的費用（以下「仲裁費用」）は、敗れた当事者が負担する。請求の一部のみが認められた場合における各当事者の仲裁費用の負担は、仲裁廷が、その裁量により定める。各当事者は、仲裁手続における当事者自身の費用並びに代理人その他の専門家の報酬及び経費を負担する。

　商事仲裁規則 80 条 1 項では、仲裁手続の費用として、①仲裁人報償金、仲裁人経費、管理料金、その他の仲裁手続のための合理的な費用のほか、②当事者が負担する代理人その他の専門家の報酬及び経費をあげており、同条 2 項で仲裁人が、当事者の負担割合を決定すると定めている。仲裁は当事者自治に基づく手続であるので、仲裁手続の費用負担についても当事者が定めることができる。JCAA 仲裁の過去の例をみると、仲裁手続のために当事者が負担するコストの 8 割から 9 割は代理人への報酬及び経費の支払いである。なお、代理人の報酬は中小の法律事務所より大手事務所、日本の法律事務所より外国の法律事務所の方が高額であるのが通常である。

　条項例では、上記の①については、敗れた当事者が仲裁費用を負担することとし、一部の請求が認められた場合（部分的に敗れた場合）には仲裁廷が裁量で各当事者の負担を決定すると定め、②については各当事者が自分自身の費用並びに代理人その他の専門家の報酬及び費用を負担すると定めている。

（8）多層的紛争解決条項

　The parties shall attempt to negotiate in good faith for a solution to all disputes, controversies or differences arising out of or in connection with this Agreement (hereinafter referred to as "disputes").

　If the disputes have not been settled by negotiation within [two] weeks from the date on which one party requests to other party for such negotiation, the parties shall attempt to settle them by mediation in accordance with the Commercial Mediation Rules of the Japan Commercial Arbitration Association (hereinafter referred to as "JCAA"). The parties shall conduct the mediation in good faith at least [one] month from the date of filing.

　If the disputes have not been settled by the mediation, then they shall be finally settled by arbitration in accordance with the Commercial

　当事者は、この契約から又はこの契約に関連して生ずることがあるすべての紛争、論争又は意見の相違（以下、「紛争」という）の解決のために、誠実に協議するように努めなければならない。

　一方の当事者が相手方の当事者に対し、協議の要請を行った日から [2] 週間以内に、協議によって紛争が解決されなかったときは、当事者は一般社団法人日本商事仲裁協会（以下、「JCAA」という）の商事調停規則に基づく調停を試みるものとする。当事者はその申立ての日から少なくとも [1] カ月、誠実に調停を行わなければならない。

　上記の調停によって紛争が解決されなかったときは、紛争は JCAA の商事仲裁規則に従って仲裁により最終的に解決されるものとする。仲裁地は東京（日本）とする。

Arbitration Rules of the JCAA. The place of the arbitration shall be Tokyo, Japan.

　仲裁費用の高額化や仲裁手続の長期化の懸念から、その解決策の１つとして、当事者に仲裁手続を開始する前に、交渉や調停によって紛争解決を試みることを義務づける手続が採用されることがある。上記の「多層的紛争解決条項」では、紛争が生じた場合には、まず初めに、当事者は誠実な「交渉」による解決を試みて、それにより解決ができなかった場合には、次に中立的な第三者を介した交渉である「調停」を利用し、それでもなお、紛争の解決に至らない場合には、最終的に、強制的な手続である「仲裁」で解決するという段階的な紛争解決手続となっている。

　多層的紛争解決手続において注意すべきことは、交渉や調停の手続が、紛争を解決したくない当事者に、遅延策として利用されないように、予め手続期間を決めておく必要がある（上記の多層的紛争解決条項において少なくとも１か月は調停を行うことを義務付けているが、この期間を定めていない場合にはJCAAの商事調停規則には期間の定めがあり、それは当事者が別段の合意をしない限り３か月となっている）。

　また、多層的紛争解決手続では、相手方が誠実に交渉によって解決する姿勢がある場合には効果が期待されるが、現実に紛争が発生した場合に協議や調停による解決が期待できないこともあり得るので、期間を余り長く設定していると、その期間、最終的な解決手段である仲裁を開始できないことになってしまうので、ドラフティングの際にはそのことも考慮する必要がある。

(9) 交差型仲裁条項（クロス条項）

　All disputes, controversies or differences arising out of or in connection with this Agreement shall be finally settled by arbitration. If arbitral proceedings are commenced by X (foreign corporation), arbitration shall be held pursuant to the Commercial Arbitration Rules of The Japan Commercial Arbitration Association and the place of arbitration shall be Tokyo, Japan; if arbitral proceedings are commenced by Y (Japanese corporation), arbitration shall be held

　この契約から又はこの契約に関連して、当事者の間に生ずることがあるすべての紛争、論争又は意見の相違は、仲裁により最終的に解決されるものとする。X（外国法人）が仲裁手続を開始するときは、一般社団法人日本商事仲裁協会の商事仲裁規則に基づき仲裁を行い、仲裁地は東京（日本）とする。Y（日本法人）が仲裁手続を開始するときは、（仲裁機関の名称）の（仲裁規則の名称）に基づき仲裁を行い、仲裁地は（外国の都市名）とする。

　当事者の一方が上記の地のうちの一においてその仲裁機関の規則に従って仲裁手続

pursuant to (the name of rules) of (the name of arbitral institution) and the place of arbitration shall be (the name of the city in foreign country).

Once one of the parties commences arbitral proceedings in one of the above places in accordance with the rules of the respective arbitral institution, the other party shall be exclusively subject to the arbitral proceedings and shall not commence any arbitral proceedings as well as court proceedings. The time receipt of the request for arbitration by the arbitral institution determines when the arbitral proceedings are commenced.

を開始した場合には、他方の当事者はその仲裁手続に排他的に服し、他の仲裁手続も訴訟手続も開始してはならない。その仲裁機関によって仲裁申立てが受領された時をもって、仲裁手続がいつ開始したかを決定する。

解説

交差型仲裁条項は仲裁の相手方（これを通常、仲裁の被申立人という）の所在地を仲裁地として仲裁手続を行うことを定める仲裁条項である。被告地主義仲裁条項や Finger pointing clause とも呼ばれている。相手方の仲裁機関は通常、相手国の仲裁機関が規定される。この仲裁条項の場合、相手方が契約違反をした場合、相手国で仲裁を行うことになるので、相手方が契約違反をする危険性が高い場合には注意が必要である。また、理論的には、仲裁申立てを受けた当事者が、反対請求の申立てではなく、別途、相手国において仲裁を申し立てる可能性があるため、そのような事態を避けるためには、一つの仲裁手続が開始した場合には、別の仲裁手続を開始することはできない旨の定めも合わせて規定しておくことがより望ましい。

(10) 準拠法条項と仲裁条項

1. This contract shall be governed by and construed under the laws of Japan.
2. All disputes, controversies or differences arising out of or in connection with this Agreement shall be finally settled by arbitration in accordance with the Commercial

1. この契約は日本法に準拠し、解釈されるものとする。
2. この契約から又はこの契約に関連して生ずることがあるすべての紛争、論争又は意見の相違は、一般社団法人日本商事仲裁協会の商事仲裁規則に従って仲裁により最終的に解決されるものとする。仲裁地は東京（日本）とする。

Arbitration Rules of The Japan
Commercial Arbitration Association.
The place of the arbitration shall be
Tokyo, Japan.

解説

　契約の準拠法を定める条項は仲裁条項などの紛争解決条項とは別に定められることもあるが、上記のように、1項と2項として、両者をセットにして定められることもある。しかし、そもそも、この2つは異なる機能を果たすものであるので、以下のことを十分に認識しておくことが必要である。

　紛争解決条項は、紛争の発生に備えて定めるものであり、紛争が発生してはじめてその適用が問題になる。これに対して、準拠法条項は、紛争が発生するかしないかとは関係なく、契約がスムーズに履行されている間も、当事者間の権利義務及び法律関係の発生、効力、終了などを規律し続ける。

　JCAAへの相談事例として、被申立人の国での仲裁を行うことを定める「交差型仲裁条項」（上記（9））を採用するつもりであるところ、準拠法条項もこれと一体化させ、被申立人の国の法による旨を定めることにしてよいか、とのご質問を受けたことがある。仲裁条項を交差型にするのは、仲裁申立てをする際のハードルを上げ、申立てに踏み切る前の和解交渉や調停が促進されるという効果を期待することができる。

　しかし、準拠法条項をそれに合わせて交差型にしてしまうと、仲裁申立てをいずれの当事者が行うかによって、準拠法が違うということになるので、仲裁申立てがあるまでは準拠法は定まっていないことになる。そうすると、契約は果たして成立しているのか、契約不履行が発生しているのかといった問題について、仲裁申立てまでは準拠法が決まらず、したがって、一義的な答えが得られないことになり、混乱が生ずることになる。準拠法条項と仲裁条項との役割を正しく理解していれば、交差型の準拠法条項はあり得ないことである。

　なお、準拠法条項について付言すると、当事者間で合意すれば準拠法を定めることができるということは、法の適用に関する通則法7条により、特に仲裁による解決の場合には仲裁法36条により定められている。もっとも、それはあくまで契約問題についてであり、会社の代表権には会社設立準拠法が、担保物権には担保目的物の所在地法（債権を目的とする場合にはその債権の準拠法）が適用される等、契約以外の問題については問題に応じて異なる準拠法が適用されることになります。また、代理店の保護規制とか、競争法（独禁法）等の公法上の問題も、準拠法条項では如何ともし難く、複数の国の公法の適用範囲に入っていれば、複数の国の公法の適用もあり得る。

　また、契約問題に限ってみても、安易に契約相手の国の法によることに合意してしまうと、契約書のチェックの段階から紛争の場面まで全ての局面で当該国の弁護士に相談しなければならなくなり、時間とコストがかかることにも注意が必要である。

「そのまま使えるモデル英文契約書シリーズ」のご案内

書名	版型	ISBN コード	本体価格
そのまま使えるモデル英文契約書シリーズ 委託販売契約書（CD-ROM 付）	B5 版	978-4-910250-00-7	¥2,000
そのまま使えるモデル英文契約書シリーズ 委託加工契約書（CD-ROM 付）	B5 版	978-4-910250-01-4	¥2,000
そのまま使えるモデル英文契約書シリーズ 購入基本契約書（CD-ROM 付）第二版	B5 版	978-4-910250-15-1	¥2,000
そのまま使えるモデル英文契約書シリーズ 販売基本契約書（CD-ROM 付）第二版	B5 版	978-4-910250-12-0	¥2,000
そのまま使えるモデル英文契約書シリーズ OEM（委託者側）製品製造供給契約書【輸入用】 （CD-ROM 付）	B5 版	978-4-910250-03-8	¥2,000
そのまま使えるモデル英文契約書シリーズ OEM（製造者側）製品製造供給契約書【輸出用】 （CD-ROM 付）	B5 版	978-4-910250-04-5	¥2,000
そのまま使えるモデル英文契約書シリーズ 総代理店契約書【輸入用】（CD-ROM 付）第二版	B5 版	978-4-910250-16-8	¥2,000
そのまま使えるモデル英文契約書シリーズ 総代理店契約書【輸出用】（CD-ROM 付）第二版	B5 版	978-4-910250-17-5	¥2,000
そのまま使えるモデル英文契約書シリーズ 合弁契約書（CD-ROM 付）	B5 版	978-4-910250-07-6	¥2,000
そのまま使えるモデル英文契約書シリーズ 実施許諾契約書【許諾者用】（CD-ROM 付）	B5 版	978-4-910250-08-3	¥2,000
そのまま使えるモデル英文契約書シリーズ 実施許諾契約書【被許諾者用】（CD-ROM 付）	B5 版	978-4-910250-13-7	¥2,000
そのまま使えるモデル英文契約書シリーズ 秘密保持契約書・共同開発契約書（CD-ROM 付） 第二版	B5 版	978-4-910250-14-4	¥2,000
そのまま使えるモデル英文契約書シリーズ 技術ライセンス契約書【中国語版付】（CD-ROM 付）	B5 版	978-4-910250-10-6	¥2,000